Anne de la Forest

LES FRITES, C'EST CHIC !

Photographies : Guillaume Czerw

Stylisme : Sophie Dupuis-Gaulier

hachette
CUISINE

Les légumes fritables

SOMMAIRE

LES VARIÉTÉS DE POMME DE TERRE À FRITES

LA MANON

Forme : oblongue

Chair : sa chair et sa peau sont jaunes

Saison : on la trouve de la fin du mois d'août jusqu'à la fin du printemps

LA MARABEL

Forme : oblongue ovale

Chair : sa chair et sa peau sont d'un jaune assez clair

Saison : on la trouve de la fin du mois d'août jusqu'à la fin du printemps

LA CAESAR

Forme : oblongue ovale

Chair : sa chair et sa peau sont d'un jaune assez clair

Saison : on la trouve de la fin du mois de septembre jusqu'à la fin du printemps

LA BINTJE, REINE DES POMMES DE TERRE !

Elle est la plus consommée en France et en Belgique (elle est la reine des fameuses « baraques à frites » belges). Âgée de plus de 100 ans, elle est née aux Pays-Bas et reste notre meilleure amie en cuisine, la pomme de terre à tout faire. Sa teneur en matière sèche et son gros calibre lui donnent le beau rôle dès lors qu'on parle de frites. Elle est très cultivée dans le Nord de la France, notamment dans le Pas-de-Calais où elle détient un label de qualité (Indice de Protection Géographique).

Forme : oblongue

Chair : sa chair et sa peau sont jaunes

Saison : on la trouve de la fin du mois de septembre jusqu'à la fin du printemps

LA AGRIA

Forme : oblongue

Chair : sa chair et sa peau sont jaunes

Saison : on la trouve de la fin du mois de septembre jusqu'à la fin du printemps

LA NICOLA (À CHAIR FERME, IDÉALE POUR UNE CUISSON AU FOUR)

Forme : oblongue

Chair : sa chair et sa peau sont jaunes

Saison : on la trouve de la fin du mois de septembre jusqu'à la fin du printemps

QUELLE HUILE POUR QUELLE FRITURE ?

L'HUILE DE TOURNESOL :

Neutre au goût, elle résiste bien aux températures élevées. On la trouve aujourd'hui vendue spécifiquement pour la friture, c'est-à-dire enrichie en acide oléique, la rendant plus stable, et en huile essentielle de coriandre aux vertus anti-odeur. Elle doit être changée tous les 2 ou 3 bains maximum.

Point de fumée : 180 °C

L'HUILE D'OLIVE :

D'une saveur assez prononcée, elle est de ce fait assez peu utilisée en friture. Essayez au moins une fois. C'est une huile conseillée pour ses atouts nutritionnels et parfaitement adaptée pour les fritures au four. Elle doit être changée tous les 2 ou 3 bains.

Point de fumée : 190 °C

L'HUILE D'ARACHIDE :

Neutre au goût, elle résiste bien aux températures très élevées. Elle est par contre la plus riche en acides gras saturés et doit être utilisée avec modération. De même, très allergène, cette huile peut être déconseillée aux personnes sensibles. Elle doit être changée tous les 5 à 6 bains maximum.

Point de fumée : 230 °C

L'HUILE DE PÉPINS DE RAISIN :

Neutre au goût, elle résiste bien aux températures très élevées. Elle est plus coûteuse donc rarement utilisée seule : mélangée à l'huile de tournesol, elle apporte une stabilité au bain de cuisson. Mélangée à l'huile de tournesol, elle doit être changée tous les 5 à 6 bains maximum.

Point de fumée : 210 °C

L'HUILE D'AVOCAT :

Sa délicate saveur est incomparable. Elle est l'une des huiles végétales (en pression à froid) les plus stables à températures élevées. Mais elle reste un produit rare donc assez cher. Elle doit être changée tous les 2 ou 3 bains.

Point de fumée : 225 °C

LES ÉTAPES DU NETTOYAGE

01 Rinçage avant épluchage + brossage (facultatif).

02 1er bain d'eau froide de 30 min (pommes de terre entières).

03 2e bain d'eau froide (pommes de terre coupées), puis rinçage immédiat.

04 3e, puis 4e bain d'eau froide jusqu'à ce que la dernière eau soit claire.

05 Séchage des pommes de terre coupées soigneusement avec un torchon propre et sec. Les frites doivent être parfaitement sèches.

LE GUIDE DE DÉCOUPE MANUELLE

01 Parez les pommes de terre : ôtez les bords arrondis de chaque côté pour donner à la pomme de terre une forme de rectangle. Cela permettra d'avoir des frites coupées bien net.

02 Taillez les tranches : posez la pomme de terre sur une planche à découper et, avec un couteau d'office, taillez des tranches dans la longueur. L'épaisseur de celles-ci dépendra du format de frites désiré : allumettes ou Pont-Neuf.

03 Disposez les tranches les unes sur les autres et taillez des bâtonnets en faisant glisser le couteau de haut en bas dans l'épaisseur des tranches pour former les frites.

QUEL COUTEAU POUR LA DÉCOUPE ?

En cuisine, on trouve différentes formes et longueurs de couteaux adaptés à diverses utilisations. Pour tailler des pommes de terre ou d'autres légumes en frites, voici les couteaux que vous pouvez choisir :
Couteau de chef ou de cuisine : sa lame assez large, d'une longueur de 20 cm, permet de pénétrer la chair épaisse et ferme de la pomme de terre comme des autres légumes (la patate douce par exemple).
Le couteau d'office ou couteau universel : sa lame est plus étroite et plus courte. Elle mesure généralement 9 ou 10 cm et permet une découpe parfaite des pommes de terre plus petites.

LES ÉTAPES RÉFÉRENTES POUR LA CUISSON DES FRITES

Traditionnellement, les frites se cuisent en 2 bains. Le seul inconvénient est que la pomme de terre absorbe plus de matière grasse. Si vous souhaitez les alléger, vous pouvez opter pour un seul bain de friture à 170 °C.
1er bain : plongez les frites dans une huile chauffée à 140 °C ou 150 °C pendant 5 à 7 min (le temps est à adapter selon l'épaisseur des frites). Sortez-les et laissez-les refroidir pendant 30 min.
2e bain : replongez les frites dans une huile chauffée à 170 °C ou 180 °C durant 5 à 7 min selon leur épaisseur.

COMMENT BIEN CHOISIR SA FRITEUSE ?

Les filtres :
Il existe plusieurs sortes de filtres : les permanents qui passent à la machine et les jetables. Sachez toutefois que malgré le filtre, les odeurs de friture restent inévitables dans la pièce où vous cuisinez. Le mieux est de faire cela dans une petite pièce séparée et équipée d'une fenêtre ou même dehors si vous le pouvez.
La contenance :
Une friteuse traditionnelle peut cuire entre 500 g et 1 kg de frites fraîches selon les modèles. Certaines machines dites « familiales » peuvent faire 2 kg de frites en une fois. Comptez entre 2 à 3 l d'huile pour remplir le bac.
La sécurité :
La friteuse doit être installée sur une surface plate et être stable ; en aucun cas elle ne doit être déplacée pendant son utilisation. Comptez 2 ou 3 h pour que l'huile ait complètement refroidi et que vous puissiez la déplacer si besoin.

LE KETCHUP MAISON

Pour 4 personnes, préparation : 10 min, cuisson : 2 h 15

1 kg de tomates, 1 cuil. à café de concentré de tomates, 2 oignons, 1 gousse d'ail, 3 clous de girofle (réduits en poudre), 1 cuil. à café de quatre-épices, 50 g de sucre en poudre, 20 cl de vinaigre de miel (ou de cidre), 1 cuil. à café de miel, 1 cuil. à soupe d'huile d'olive, 1 pincée de paprika, sel fin, poivre du moulin

Émincez les oignons et hachez finement la gousse d'ail. Dans une sauteuse, faites chauffer l'huile d'olive. Quand l'huile est chaude, ajoutez les oignons, l'ail, puis les clous de girofle et le quatre-épices. Laissez mijoter pendant 45 min à feu doux. À mi-cuisson, écrasez les tomates. Ajoutez le sucre, le vinaigre, le miel, le paprika et le concentré de tomates. Laissez épaissir pendant 1 h 30. Ôtez du feux, rectifiez l'assaisonnement si nécessaire et laissez refroidir. Filtrez la sauce à l'aide d'une passoire très fine afin de retirer les pépins de tomates, et conservez au réfrigérateur au moins 2 ou 3 jours avant de déguster bien frais.

L'astuce :

Plus le ketchup est « parfumé », meilleur il est ! N'hésitez pas à ajouter des aromates, des épices ou des herbes. Cumin, réglisse, cannelle, gingembre, basilic, etc. ajouteront autant de saveur à votre ketchup.

LA SAUCE BARBECUE

Pour 4 personnes, préparation : 10 min, cuisson : 15 min

1 oignon blanc, 1 gousse d'ail, 3 cuil. à soupe de ketchup, 1 cuil. à café de concentré de tomates, 1 cuil. à soupe de Brown sauce *(type Worcestershire), 2 cuil. à soupe de miel, 2 cuil. à soupe de paprika, 1 cuil. à soupe d'huile d'olive, sel fin, poivre du moulin*

Pelez et émincez l'oignon et l'ail. Faites chauffer l'huile d'olive dans une poêle et faites-y revenir l'oignon et l'ail à feu très doux. Salez, poivrez et surveillez bien pour qu'ils ne caramélisent pas. Ajoutez le reste des ingrédients et laissez cuire en remuant régulièrement jusqu'à ce que cela épaississe. Allongez avec un peu d'eau si la sauce est trop épaisse. Dégustez cette sauce froide ou chaude.

L'astuce :

La *Brown sauce* est une sauce typiquement anglaise qui est réalisée à base de vinaigre de malt et de mélasse. Si vous n'en trouvez pas, ajoutez 1 cuil. à café de chacun de ces ingrédients dans la recette.

LA SAUCE FRITES

Pour 4 personnes, préparation : 10 min

2 jaunes d'œufs, 2 cuil. à soupe bombées de Moutarde condiment, 1 filet de vinaigre blanc (ou vinaigre de cidre), 1/2 cuil. à café de miel, 30 cl d'huile de tournesol, sel fin, poivre du moulin

Choisissez un récipient pas trop large et assez haut afin de monter une mayonnaise assez ferme. Ajoutez les jaunes d'œufs avec la moutarde, le vinaigre, le sel, le poivre et le miel. Montez la mayonnaise au batteur en versant progressivement et très doucement l'huile de tournesol en filet. Battez régulièrement. N'hésitez pas à rajouter un peu de moutarde si la consistance vous semble trop liquide. Il faut, dans ce cas, ajouter autant d'huile. Cessez de battre quand la consistance est assez ferme. Rectifiez l'assaisonnement si nécessaire. Conservez au réfrigérateur et dégustez cette sauce froide.

L'astuce :

La moutarde condiment est une moutarde aromatisée. Sucrée, elle est plus douce que la moutarde forte. Vous la trouvez facilement en supermarché, mais vous pouvez aussi la faire vous-même en ajoutant un peu de sucre brun en poudre, de la coriandre en poudre et 1 pincée de curcuma.

LA SAUCE BÉARNAISE

Pour 4 personnes, préparation : 5 min, cuisson : 10 min

2 échalotes, 10 cl de vinaigre blanc, 6 cuil. à soupe d'estragon haché, 200 g de beurre doux, 6 jaunes d'œufs, 2 cuil. à café d'eau, sel fin, poivre du moulin

Épluchez et émincez finement les échalotes. Mettez-les dans une casserole avec le vinaigre blanc, 3 cuil. à soupe d'estragon et un peu de poivre. Faites chauffez à feu doux pendant 10 min pour que le vinaigre s'évapore. Faites fondre le beurre au four à micro-ondes. Retirez la casserole de vinaigre du feu, puis ajoutez les jaunes d'œufs et l'eau. Fouettez vivement le mélange, puis faites épaissir au bain-marie (ou à feu très doux) sans cesser de remuer. Hors du feu, versez progressivement le beurre fondu, tout en fouettant pour monter la béarnaise. Versez la sauce dans un récipient, ajoutez le reste de l'estragon, puis salez et poivrez. Servez cette sauce tiède ou froide.

L'astuce :

Vous pouvez préparer une béarnaise allégée en remplaçant le beurre par du fromage blanc ou par 1 cuil. à soupe de Maïzena diluée dans un peu d'eau. Relevez bien l'assaisonnement car la Maïzena affadit les saveurs.

LA SAUCE TARTARE

Pour 4 personnes, préparation : 10 min

2 jaunes d'œufs, 1 cuil. à soupe bombée de moutarde forte, 1 filet de vinaigre de vin, 20 cl d'huile de tournesol, 1 petit oignon frais, 1 cuil. à soupe de câpres, 10 cornichons, 1 petit bouquet de persil, de cerfeuil, d'estragon et de ciboulette fraîche, sel fin, poivre du moulin

Mettez les jaunes d'œufs dans un récipient à bords assez hauts. Ajoutez la moutarde, le vinaigre, le sel et le poivre. Montez la mayonnaise au batteur en versant progressivement l'huile de tournesol en filet. Battez bien régulièrement jusqu'à ce que la consistance soit assez ferme. Émincez le plus finement possible l'oignon, les câpres et les cornichons. Ciselez toutes les herbes aromatiques. Mélangez tous les aromates avec la mayonnaise. Salez et poivrez à nouveau si nécessaire. Servez bien frais.

LA SAUCE AÏOLI

Pour 4 personnes, préparation : 10 min

5 gousses d'ail, 2 jaunes d'œufs, 1 cuil. à soupe bombée de moutarde forte, 1 filet de vinaigre de vin, 20 cl d'huile de tournesol, sel fin, poivre du moulin

Réduisez les gousses d'ail en purée. Mettez les jaunes d'œufs dans un récipient à bords hauts. Ajoutez la purée d'ail, la moutarde, le vinaigre, le sel et le poivre. Montez la mayonnaise au batteur en versant progressivement l'huile de tournesol en filet. Battez régulièrement jusqu'à ce que la consistance soit assez ferme. Salez et poivrez à nouveau si nécessaire. Servez bien frais.

LA SAUCE AU BLEU

Pour 4 personnes, préparation : 5 min, cuisson : 10 min

150 g de fromage bleu, 50 g de beurre, 50 g de farine, 40 cl de lait, sel fin, poivre du moulin

Dans une casserole, faites fondre le beurre à feu doux. Ajoutez la farine en la tamisant doucement et remuez. Laissez ainsi colorer. Versez progressivement le lait, puis ajoutez le bleu émietté sans cesser de mélanger jusqu'à ce que le fromage ait fondu. Laissez épaissir la sauce en mélangeant continuellement. Salez et poivrez, puis dégustez cette sauce bien chaude.

L'astuce :

Cette base de béchamel au fromage est traditionnellement réalisée en Belgique avec de la mimolette. C'est aussi la recette de la sauce au fromage des fameux *Macaroni & cheese* américains. N'hésitez pas à remplacer le bleu par du cheddar, de la mimolette ou même du comté ou encore du camembert.

LA SAUCE AU CURRY

Pour 4 personnes, préparation : 10 min

2 jaunes d'œufs, 1 cuil. à soupe bombée de moutarde forte, 1 filet de vinaigre blanc, 20 cl d'huile de tournesol, 1 cuil. à café de curry en poudre, sel fin, poivre du moulin

Mettez les jaunes d'œufs avec la moutarde dans un récipient à bords hauts. Ajoutez le vinaigre, le sel et le poivre. Montez la mayonnaise au batteur en versant progressivement l'huile de tournesol en filet. Battez bien régulièrement jusqu'à ce que la consistance soit assez ferme. Ajoutez le curry et battez de nouveau la mayonnaise. Salez et poivrez si nécessaire. Servez bien frais.

LA SAUCE AMÉRICAINE

Pour 4 personnes, préparation : 15 min, cuisson : 10 min

3 oignons, 2 échalotes, 2 gousses d'ail, 3 cuil. à soupe d'huile d'olive, 4 tomates, 3 cl de vin blanc, 2 cuil. à soupe de cognac, 1 bouquet garni, 1 cuil. à café de paprika, 1 cuil. à soupe de farine, sel fin, poivre du moulin

Émincez les oignons, les échalotes et l'ail. Faites-les revenir dans l'huile d'olive. Remuez sans cesse pour qu'ils ne blondissent pas. Plongez les tomates dans l'eau bouillante et ôtez la peau. Détaillez-les en cubes et ajoutez-les aux oignons. Versez le vin blanc, le cognac et ajoutez le bouquet garni. Remuez, puis saupoudrez de paprika. Salez et poivrez généreusement, puis passez la préparation au mixeur. Ne moulinez pas trop pour laisser un peu de texture. Remettez à cuire quelques minutes et ajoutez la farine diluée dans un peu d'eau chaude. Laissez épaissir en mettant quelques minutes à feu vif, puis ôtez du feu. Dégustez cette sauce bien chaude.

LA SAUCE AUX OIGNONS

Pour 4 personnes, préparation : 5 min, cuisson : 10 min

5 oignons, 40 g de beurre doux, 2 cuil. à soupe de farine, 30 cl de bouillon de volaille, 1 cuil. à café de vinaigre, 1 cuil. à soupe de sucre en poudre, sel fin, poivre du moulin

Faites fondre le beurre dans une casserole à feux doux. Ajoutez les oignons préalablement émincés et le vinaigre. Salez et poivrez, puis laissez colorer doucement. Saupoudrez avec la farine, puis ajoutez le bouillon. Mélangez bien et laissez épaissir lentement à feu doux. Ajoutez le sucre et remuez. Rectifiez l'assaisonnement si nécessaire et dégustez cette sauce chaude.

LES POMMES PONT-NEUF FRANÇAISES

Pour 4 personnes Préparation : 15 min Cuisson : 10 min Repos : 30 min

La Recette

Épluchez les pommes de terre avec un économe, puis lavez-les. Détaillez les frites au couteau en coupant les pommes de terre en bâtonnets de 1 cm d'épaisseur. Vous pouvez aussi utiliser un coupe-frites manuel.

Lavez-les à plusieurs reprises pour ôter l'amidon (la dernière eau doit rester claire) et essuyez-les soigneusement avec un torchon propre et sec.

Versez l'huile dans la friteuse et mettez-la à chauffer à 150 °C. Disposez les pommes de terre taillées et séchées dans le panier. Ne le chargez pas trop : 1 kg de pommes de terre doit être cuit en 2 fournées.

Baissez le panier de la friteuse et laissez frire pendant 7 min. Remontez le panier, remuez bien les frites en secouant le panier d'une main pour qu'elles s'égouttent. Laissez-les refroidir pendant 30 min environ.

Remettez l'huile à chauffer à 180 °C et faites un dernier bain de cuisson de 3 min maximum.

Sortez les frites, égouttez-les bien en les secouant, puis disposez-les dans un saladier recouvert de papier absorbant. Ôtez le papier et salez les frites généreusement au sel fin. Laissez reposer quelques minutes, puis servez les frites encore bien chaudes en ajoutant la fleur de sel au dernier moment.

Les INGRÉDIENTS

Pommes de terre Bintje............................1 kg
Huile de friture...2 l
Sel fin.................................... 1/2 cuil. à café
Fleur de sel .... 1/2 cuil. à café

Accompagnement

Elles se dégustent avec : la sauce frite, le ketchup, la béarnaise, la sauce aux herbes fraîches.

LES FRITES BELGES

Pour 4 personnes Préparation : 45 min Cuisson : 10 min Repos : 30 min

Les INGRÉDIENTS

Pommes de terre Bintje............................1 kg
Huile de friture (ou de blanc de bœuf pour les puristes)..2 l
Sel fin.................................... 1/2 cuil. à café
Fleur de sel .... 1/2 cuil. à café

Accompagnement

Elles se dégustent avec : la sauce frites, le ketchup, la sauce aux oignons, la sauce américaine.

La Recette

Épluchez les pommes de terre avec un économe, puis lavez-les. Détaillez vos frites pas trop fines au couteau ou utilisez un coupe-frites manuel.

Lavez-les en les mettant à tremper pendant 30 min dans de l'eau froide. Répétez plusieurs fois l'opération pour ôter l'amidon (la dernière eau doit rester claire) et essuyez-les soigneusement avec un torchon propre et sec.

Mettez la friteuse à chauffer à 140 °C. Disposez les pommes de terre découpées et séchées dans le panier.

Baissez le panier de la friteuse et faites frire pendant 7 min. Remontez le panier, remuez bien les frites en secouant le panier d'une main pour qu'elles s'égouttent. Laissez-les refroidir pendant 30 min environ.

Remettez l'huile à chauffer à 170 °C et faites un dernier bain de cuisson de 3 min maximum. Les frites seront parfaitement croustillantes.

Sortez les frites, égouttez-les bien en les secouant, puis disposez-les dans un saladier recouvert de papier absorbant. Ôtez le papier absorbant et salez les frites généreusement au sel fin. Ajoutez un peu de fleur de sel au moment de servir.

rites
Frite
ES
Frite
FRITES

LES « CHIPS » ANGLAISES

Pour 4 personnes Préparation : 20 min Cuisson : 8 min Repos : 30 min

La Recette

Épluchez les pommes de terre avec un économe, puis lavez-les. Répétez plusieurs fois l'opération pour ôter l'amidon, la dernière eau doit être claire.

Détaillez les frites en bâtonnets de taille égale. Vous pouvez aussi utiliser un coupe-frites manuel.

Faites blanchir les frites dans une grande casserole d'eau froide portée à ébullition. Retirez-les à l'aide d'une écumoire et passez-les immédiatement sous l'eau froide pour stopper la cuisson.

Égouttez-les et essuyez-les bien avec un torchon propre et sec.

Faites chauffer la friteuse à 150 °C et versez les frites précuites dans le panier. N'en mettez pas trop à la fois. Baissez le panier et laissez frire pendant 5 min. Les frites étant déjà précuites, la cuisson est très rapide.

Remontez le panier, remuez bien les frites en secouant le panier pour qu'elles s'égouttent. Laissez-les refroidir pendant 30 min environ.

Remettez l'huile à chauffer à 180 °C et remettez les frites à cuire pour un dernier bain de 3 min maximum.

Sortez les frites, égouttez-les bien en les secouant, puis disposez-les dans un saladier recouvert de papier absorbant. Vous pouvez ôter encore un peu d'huile en les épongeant soigneusement avec un autre morceau de papier absorbant. Versez les frites dans un plat et salez-les généreusement au sel fin.

Servez rapidement les frites bien chaudes en ajoutant la fleur de sel au dernier moment.

Les INGRÉDIENTS

Pommes de terre Bintje.............................1 kg
Huile de friture...2 l
Sel fin.................................... 1/2 cuil. à café
Fleur de sel .... 1/2 cuil. à café

Accompagnement

Elles se dégustent avec : la sauce frites, le ketchup, la sauce au curry, la sauce tartare.

yesterday for Trooping the Colour. The prince was discharged

LES « FRENCH FRIES » AMÉRICAINES

Pour 4 personnes   Préparation : 45 min   Cuisson : 10 min   Repos : 30 min

Les INGRÉDIENTS

Pommes de terre Caesar .... 1 kg
Huile de friture .... 2 l
Sel fin .... 1/2 cuil. à café
Fleur de sel .... 1/2 cuil. à café

Accompagnement

Elles se dégustent avec : la sauce frites, le ketchup, la sauce américaine, la sauce tartare.

La Recette

Épluchez les pommes de terre et coupez-les assez finement. Si vous utilisez un coupe-frites, choisissez la grille la plus fine.

Placez les frites dans un bain d'eau froide et laissez-les tremper pendant 30 min.

Rincez-les plusieurs fois. Essuyez-les soigneusement avec un torchon propre et sec.

Mettez la friteuse à chauffer à 150 °C. Disposez les pommes de terre dans le panier sans trop le charger.

Baissez le panier et laissez frire pendant 7 min. Remontez le panier, remuez bien les frites pour les aérer et laissez-les refroidir pendant 30 min.

Remettez l'huile à chauffer à 180 °C et remettez à cuire pendant 3 min maximum.

Sortez les frites, égouttez-les et versez-les dans un plat recouvert de papier absorbant. Ôtez le papier et salez généreusement.

Servez sans attendre avec la fleur de sel.

U.S. ARMY

LES FRITES POMMES PAILLES

Pour 4 personnes Préparation : 40 min Cuisson : 5 min

Les INGRÉDIENTS

Pommes de terre Bintje.............................1 kg
Huile de friture..2 l
Sel fin
Fleur de sel

Accompagnement

Elles se dégustent avec : la sauce frites, le ketchup, la sauce aïoli.

La Recette

Épluchez les pommes de terre avec un économe et lavez-les.

Coupez-les en fines tranches à l'aide d'une mandoline, puis taillez-les en fins bâtonnets de 1,5 à 2 mm de largeur. Faites-les tremper pendant 30 min dans l'eau froide et rincez-les abondamment. Séchez-les soigneusement avec un torchon propre et sec.

Mettez la friteuse à chauffer à 160 °C.

Placez les frites dans le panier de la friteuse et mettez à frire pendant 5 min.

Déposez les frites sur du papier absorbant, puis salez au sel fin.

Servez dans un plat, ajoutez un peu de fleur de sel et dégustez immédiatement.

LES FRITES ULTRA-CROUSTILLANTES

Pour 4 personnes Préparation : 45 min Cuisson : 8 min

La Recette

Épluchez les pommes de terre avec un économe, puis lavez-les rapidement à l'eau froide. Coupez-les en bâtonnets à l'aide un couteau en prenant soin qu'elles soient toutes à peu près du même calibre. Pour des frites parfaitement identiques, utilisez le coupe-frites manuel.

Faites-les tremper dans l'eau froide pendant 30 min. Rincez-les plusieurs fois pour ôter l'amidon et essuyez-les soigneusement avec un torchon propre et sec.

Mettez la friteuse à chauffer à 180 °C.

Cassez les œufs dans un grand bol et battez-les rapidement. Versez la farine dans un second bol, puis la chapelure, le parmesan et le sel fin mélangés dans un dernier.

Enrobez chaque frite en les trempant successivement dans la farine, dans les œufs et enfin dans la chapelure. Déposez-les ensuite délicatement dans le panier de la friteuse.

Baissez le panier et faites cuire les frites pendant 8 min. Remontez le panier, égouttez les frites en les secouant, puis disposez-les dans un saladier recouvert de papier absorbant. Ôtez le papier et salez les frites légèrement avec la fleur de sel. Savourez-les bien chaudes.

Les INGRÉDIENTS

Pommes de terre Marabel........................1 kg
Œufs...2
Farine....................................2 cuil. à soupe
Chapelure...............................3 cuil. à soupe
Parmesan...............................2 cuil. à soupe
Huile de friture..2 l
Sel fin....................................... 1 cuil. à café
Fleur de sel .... 1/2 cuil. à café

Accompagnement

Elles se dégustent avec : la sauce frites, le ketchup, la béarnaise, la sauce au bleu.

Les frites ultra-croustillantes

LES FRITES AU THYM ET AU PARMESAN

Pour 4 personnes   Préparation : 10 min   Cuisson : 20 min

Les INGRÉDIENTS

Pommes de terre Nicola............................1 kg
Parmesan..................................2 cuil. à soupe
Thym .... 1 cuil. à café
Huile d'olive..............................3 cuil. à soupe
Fleur de sel
Poivre du moulin

Accompagnement

Elles se dégustent avec : la sauce frites, la sauce américaine, la sauce aux oignons.

La Recette

Préchauffez votre four à 180 °C (th. 6).

Épluchez les pommes de terre avec un économe et faites-les tremper dans l'eau froide. Rincez-les abondamment. Coupez-les au couteau en tranches larges et épaisses, puis taillez-les en frites pas trop fines (12 mm environ).

Lavez les frites de nouveau, essuyez-les soigneusement avec un torchon propre et sec et versez-les dans un grand saladier. Arrosez-les d'huile d'olive et remuez bien pour que les frites soient bien enrobées.

Saupoudrez le parmesan et le thym, puis versez délicatement les frites dans un sac de congélation. Fermez le sac et secouez vigoureusement : cela permet aux herbes et au fromage de bien enrober les frites. Salez, poivrez et remuez bien de nouveau.

Disposez les frites sur une plaque recouverte de papier sulfurisé. Enfournez pour 20 min de cuisson.

Rectifiez l'assaisonnement à la fin de la cuisson et dégustez immédiatement.

LES FRITES DE PURÉE DE POMMES DE TERRE

Pour 4 personnes Préparation : 15 min Cuisson : 5 min Repos : 1 h

La Recette

Épluchez les pommes de terre avec un économe, puis lavez-les bien à l'eau froide. Coupez-les en quartiers et plongez-les dans une casserole d'eau bouillante. Vérifiez la cuisson en plantant la pointe d'un couteau.

Mixez les pommes de terre en purée bien sèche et sans grumeaux. Pour cela, n'ajoutez ni lait, ni beurre. Salez et remuez bien.

Étalez cette purée sur une plaque en couche régulière de 2 cm d'épaisseur environ et laissez refroidir. Placez ensuite 1 h au réfrigérateur.

Mettez la friteuse à chauffer à 180 °C.

Coupez des bâtonnets en forme de frites dans la purée refroidie. Versez la farine dans une première assiette creuse, battez les œufs dans une seconde, puis mettez la chapelure dans une dernière. Salez légèrement chaque assiette.

Prenez les frites de purée une à une délicatement avec les doigts (ou une longue pince) et trempez-les successivement dans la farine, les œufs battus et la chapelure.

Déposez-les dans le panier de la friteuse en les espaçant bien les unes des autres. Baissez le panier et faites-les cuire pendant 5 min maximum. Remontez le panier, égouttez les frites en les secouant, puis disposez-les sur un plat recouvert de papier absorbant. Ôtez le papier. Salez légèrement avec la fleur de sel et savourez-les bien chaudes.

Les INGRÉDIENTS

Pommes de terre Bintje............................1 kg
Farine......................................2 cuil. à soupe
Œufs...2
Chapelure................................3 cuil. à soupe
Huile de friture...2 l
Sel fin
Fleur de sel

Accompagnement

Elles se dégustent avec : la sauce frites, le ketchup, la béarnaise, la sauce américaine, la sauce barbecue.

Pour 4 personnes
Préparation :
Cuisson :
de farine
Chapelure

LES FRITES CARAMÉLISÉES AU MIEL

Pour 4 personnes Préparation : 11 min Cuisson : 10 min

Les INGRÉDIENTS

Pommes de terre Nicola ....1 kg
Miel ....1 cuil. à soupe
Huile d'olive...............................3 cuil. à soupe
Fleur de sel
Poivre du moulin

Accompagnement

Elles se dégustent avec : la sauce frites, la sauce aux oignons, la sauce au vinaigre noir.

La Recette

Préchauffez votre four à 180 °C (th. 6).

Épluchez les pommes de terre avec un économe et faites-les tremper pendant 1 min dans de l'eau froide. Rincez-les abondamment, coupez-les en larges tranches, puis taillez-les en frites assez fines (1 cm environ). Lavez les frites et essuyez-les soigneusement avec un torchon propre et sec.

Versez les frites dans un grand saladier. Arrosez-les d'huile d'olive et remuez pour que les frites soient bien enrobées. Salez généreusement, poivrez, ajoutez le miel et remuez de nouveau.

Disposez les frites sur une plaque recouverte de papier sulfurisé. Espacez-les bien.

Enfournez pour 10 min de cuisson en plaçant la plaque en haut du four. Surveillez la cuisson pour que le miel ne brûle pas. Dès qu'elles caramélisent, sortez les frites du four.

Rectifiez l'assaisonnement si nécessaire et servez sans attendre.

LES FRITES DE POLENTA

Pour 4 personnes Préparation : 25 min Cuisson : 2 min Repos : 1 h

Les INGRÉDIENTS

Lait .... 30 cl
Eau .... 30 cl
Semoule de maïs ....150 g
Parmesan...................................1 cuil. à soupe
Beurre fondu...20 g
Huile de friture..2 l
Sel fin .... 1 cuil. à café
Fleur de sel .... 1/2 cuil. à café

Accompagnement

Elles se dégustent avec : la sauce frites, le ketchup, la sauce américaine, la sauce bearnaise.

La Recette

Portez à ébullition le lait et l'eau mélangés. Versez la semoule de maïs en pluie et laissez cuire pendant 10 min en remuant jusqu'à épaississement. Ajoutez le parmesan et le beurre fondu. Salez généreusement et mélangez bien.

Étalez la polenta en couche régulière de 2 ou 3 cm d'épaisseur dans un plat et laissez refroidir. Placez ensuite 1 h au réfrigérateur.

Mettez la friteuse à chauffer à 170 °C.

Coupez des bâtonnets en forme de frites de 10 cm environ.

Prenez les frites délicatement avec une pince et déposez-les dans le panier de la friteuse. Espacez-les bien les unes des autres.

Baissez le panier et faites frire pendant 2 min. Remontez le panier, laissez les frites s'égoutter, puis disposez-les délicatement sur une assiette creuse recouverte de papier absorbant.

Ôtez le papier. Salez légèrement avec la fleur de sel et savourez-les bien chaudes.

Frites
tendances

LES FRITES DE FETA

Pour 4 personnes   Préparation : 5 min   Cuisson : 3 min

Les INGRÉDIENTS

Fromage de brebis type Feta.................400 g
Farine.......................................2 cuil. à soupe
Œufs...2
Chapelure..................................3 cuil. à soupe
Huile de friture...2 l
Sel fin
Poivre du moulin

Accompagnement

Dégustez-les avec : la sauce aux herbes fraîches, la sauce au vinaigre noir, la sauce américaine, la sauce aux oignons.

La Recette

Sortez la feta du réfrigérateur au dernier moment pour qu'elle soit bien ferme. Coupez-la en bâtonnets d'environ 1 cm de largeur.

Versez la farine dans une assiette creuse, les œufs battus dans une deuxième et la chapelure avec 1 pincée de sel et 1 tour de poivre du moulin dans une troisième assiette.

Mettez la friteuse à chauffer à 170 °C. Passez successivement les bâtonnets de feta dans la farine, dans l'œuf, puis dans la chapelure.

Posez les frites de fromage dans le panier et baissez-le. Faites cuire pendant 3 min.

Égoutez les frites de feta et versez-les sur un plat recouvert de papier absorbant. Ôtez le papier et rectifiez l'assaisonnement si nécessaire.

Dégustez sans attendre.

FRITES
FETA

LES FRITES DE CAROTTES

Pour 4 personnes   Préparation : 10 min   Cuisson : 5 min

Les INGRÉDIENTS

Carottes ....1 kg
Huile de friture...2 l
Fleur de sel

Accompagnement

Elles se dégustent avec : la sauce tartare, la sauce au curry, la sauce aux herbes fraîches, la sauce au bleu.

La Recette

Préchauffez votre friteuse à 170 °C.

Lavez et épluchez les carottes avec un économe et rincez-les. Essuyez-les soigneusement avec un torchon propre et sec.

Coupez les carottes au couteau en longues tranches épaisses dans la longueur, puis taillez-les en frites pas trop fines (1 cm environ).

Rincez les carottes une nouvelle fois et essuyez-les soigneusement. Si vous utilisez des carottes nouvelles, vous pouvez les faire frire entières avec leurs fanes.

Versez-les dans le panier de la friteuse et faites cuire pendant 5 min en surveillant bien.

Relevez le panier et égouttez les frites dans un plat recouvert de papier absorbant.

Ôtez le papier. Salez généreusement et dégustez-les bien chaudes.

LES FRITES D'AUBERGINES

Pour 4 personnes Préparation : 10 min Cuisson : 3 min

Les INGRÉDIENTS

Aubergines.......................................1 kg
Citron.......................................1
Œufs.......................................2
Farine.......................................2 cuil. à soupe
Chapelure.......................................3 cuil. à soupe
Parmesan.......................................2 cuil. à soupe
Ail en poudre.......................................1 pincée
Poudre de tomate.......................................1/2 cuil. à café
Huile de friture.......................................2 l
Fleur de sel
Poivre du moulin

Accompagnement

Elles se dégustent avec : le ketchup, la sauce aux oignons, la sauce aux herbes fraîches, la sauce frites.

La Recette

Préchauffez votre friteuse à 170 °C. Pressez le citron et réservez le jus. Lavez et épluchez les aubergines avec un économe.

Coupez les aubergines au couteau en tranches larges dans la longueur, puis taillez-les en frites pas trop épaisses de 10 cm de long.

Versez le jus de citron dans un plat creux et mettez les légumes à tremper quelques instants pour éviter qu'ils noircissent.

Cassez les œufs dans un bol et battez-les bien. Dans un second bol, versez la farine.
Dans un dernier bol, versez la chapelure, le parmesan, l'ail et la poudre de tomate. Salez à la fleur de sel et poivrez chacune des assiettes.

Trempez les frites d'aubergines successivement dans la farine, l'œuf, puis dans le mélange chapelure-parmesan.

Disposez-les dans le panier de la friteuse. Faites frire pendant 3 min en surveillant bien.

Sortez les frites de courgettes, égouttez-les sur du papier absorbant, puis servez-les dans un plat.

Rectifiez l'assaisonnement si nécessaire et savourez-les bien chaudes.

LES FRITES DE COURGETTES AU PARMESAN ET AU PAVOT

Pour 4 personnes Préparation : 10 min Cuisson : 5 min

Les INGRÉDIENTS

Courgettes .... 1 kg
Œufs 2
Farine .... 2 cuil. à soupe
Chapelure .... 3 cuil. à soupe
Parmesan .... 2 cuil. à soupe
Graines de pavot .... 1 cuil. à café
Huile de friture .... 2 l
Sel fin
Poivre du moulin

Accompagnement

Elles se dégustent avec : le ketchup, la sauce tartare, la sauce au curry, la sauce au bleu.

La Recette

Préchauffez votre friteuse à 170 °C.

Lavez bien les courgettes et essuyez-les soigneusement avec un torchon propre et sec.

Coupez les courgettes en larges tranches dans la longueur, puis taillez-les en frites pas trop épaisses de 10 cm environ.

Cassez les œufs dans un bol et battez-les bien. Dans un second bol, versez la farine, puis la chapelure et le parmesan mélangés aux graines de pavot dans un dernier récipient. Salez à la fleur de sel et poivrez.

Trempez les frites de courgettes dans la farine, dans les œufs, puis dans la chapelure au parmesan.

Placez-les dans le panier de la friteuse. Mettez à frire pendant 5 min en surveillant bien.

Sortez les frites de courgettes, salez généreusement et dégustez-les bien chaudes.

LES FRITES D'ASPERGES

Pour 2 personnes Préparation : 10 min Cuisson : 3 min

Les INGRÉDIENTS

Asperges blanches .... 1 botte
Farine .... 1 cuil. à soupe
Chapelure.................................. 2 cuil. à soupe
Gomasio (mélange de graines
de sésame et de sel) .... 1 cuil. à café
Œuf... 1
Huile de friture... 2 l
Fleur de sel
Poivre du moulin

Accompagnement

Elles se dégustent avec : la sauce frites, la sauce tartare, la sauce aux herbes fraîches, la sauce au bleu, la sauce béarnaise.

La Recette

Préchauffez votre friteuse à 170 °C.

Lavez et épluchez les asperges du bas de la pointe jusqu'au pied. Coupez les pieds pour ne garder qu'une bonne moitié de l'asperge et éliminer la partie qui pourrait être trop filandreuse.

Versez la farine dans un plat long, faites de même avec la chapelure mélangée au gomasio. Cassez l'œuf dans un dernier plat long et battez-le rapidement.

Trempez les asperges successivement dans la farine, l'œuf, puis la chapelure.

Posez délicatement les asperges dans le panier de la friteuse avec une pince. Faites attention à ne pas casser les pointes.

Baissez le panier et laissez frire pendant 3 min en surveillant bien. Sortez les asperges et mettez-les à égoutter sur du papier absorbant.

Servez sans attendre en rectifiant l'assaisonnement si nécessaire.

LES FRITES DE NAVETS

Pour 4 personnes   Préparation : 10 min   Cuisson : 15 min

Les INGRÉDIENTS

Navets 3
Huile de pépins de raisin .... 3 cuil. à soupe
Cinq-épices .... 1/2 cuil. à café
Fleur de sel
Poivre du moulin

Accompagnement

Elles se dégustent avec : la sauce au vinaigre noir, le ketchup, la sauce frites, la sauce aïoli.

La Recette

Faites chauffer le four à 180 °C (th. 6).

Épluchez les navets avec un couteau ou un rasoir spécialement prévu à cet effet.

Lavez les navets sous l'eau froide, puis coupez-les en tranches assez épaisses. Taillez ensuite des bâtonnets pas trop fins.

Mettez les légumes coupés dans un saladier, arrosez d'huile de pépins de raisin et saupoudrez de sel, de poivre et de cinq-épices. Attention, le navet a une chair poreuse qui « absorbe » beaucoup. Limitez-vous bien aux 3 cuil. à soupe d'huile de pépins de raisin.

Disposez les frites de navets sur une plaque préalablement recouverte de papier sulfurisé.

Enfournez pour 15 min de cuisson en surveillant. Vous pouvez les remuer rapidement à mi-cuisson.

Dégustez les frites sans attendre.

LES FRITES DE COMTÉ

Pour 4 personnes Préparation : 10 min Cuisson : 3 min

Les INGRÉDIENTS

Comté (1 tranche) ....250 g
Farine ....2 cuil. à soupe
Œuf.. 1
Chapelure..................................1 cuil. à soupe
Huile de friture...2 l
Sel fin
Poivre du moulin

Accompagnement

Elles se dégustent avec : la sauce aux herbes fraîches, la sauce au vinaigre noir, la sauce aux oignons.

La Recette

Ôtez la croûte du comté et coupez des bâtonnets d'environ 1 cm de largeur.

Versez la farine dans une assiette creuse, l'œuf battu dans une deuxième et, dans une troisième, la chapelure avec un peu de sel et de poivre moulu.

Faites chauffer la friteuse à 170 °C. Trempez successivement les bâtonnets de comté dans la farine, dans l'œuf, puis dans la chapelure.

Posez les bâtonnets de fromage dans le panier et faites frire pendant 3 min.

Égoutez les frites et versez-les dans un saladier recouvert de papier absorbant, puis ôtez-le.

Servez sans attendre.

LES FRITES DE PATATES DOUCES AU CUMIN

Pour 4 personnes   Préparation : 10 min   Cuisson : 10 min

Les INGRÉDIENTS

Patates douces (grosses) 3
Cumin .... 1 cuil. à café
Huile de friture..2 l
Fleur de sel
Poivre du moulin

Accompagnement

Elles se dégustent avec : la sauce au vinaigre noir, la sauce barbecue, la sauce au curry.

La Recette

Épluchez les patates douces et lavez-les bien sous l'eau froide.

Coupez les patates en larges tranches à l'aide d'un couteau, puis taillez-les en grosses frites. Rincez-les de nouveau, puis essuyez-les soigneusement avec un torchon propre et sec.

Faites chauffer l'huile de la friteuse à 180 °C.

Disposez les patates douces dans le panier et faites un premier bain de 7 min. Pour une cuisson homogène, ne remplissez pas trop le panier. Faites cuire les frites en plusieurs fois.

Remontez le panier et vérifiez que les frites sont bien grillées. N'hésitez pas à les replonger pendant 2 ou 3 min si vous les aimez un peu plus de croustillantes.

Versez les frites dans un saladier recouvert de papier absorbant et laissez-les dégraisser avant d'ôter le papier.

Saupoudrez de cumin, mélangez bien, puis salez avec la fleur de sel et poivrez généreusement. Dégustez sans attendre.

LES FRITES DE BETTERAVES

Pour 4 personnes Préparation : 10 min Cuisson : 8 min

Les INGRÉDIENTS

Betteraves rouges crues 3
Huile de friture..2 l
Fleur de sel
Poivre du moulin

Accompagnement

Elles se dégustent avec : la sauce au curry, la sauce frites, la sauce américaine.

La Recette

Passez rapidement les betteraves sous l'eau. Coupez les pieds et épluchez-les à l'aide d'un couteau économe ou d'un rasoir. Coupez des tranches assez épaisses et taillez-les en frites de 1,5 cm environ.

Essuyez-les bien avec du papier absorbant afin d'ôter un maximum d'humidité (attention, les betteraves tachent les mains et les vêtements).

Faites chauffer l'huile de la friteuse à 170 °C, puis versez les betteraves dans le panier.

Plongez le panier et faites frire les betteraves pendant 8 min.

Remontez le panier, laissez les betteraves s'égoutter. Vérifiez avec une fourchette qu'elles sont bien cuites. Elles doivent être encore un peu fermes, mais pas trop.

Versez-les sur un plat recouvert de papier absorbant. Ôtez le papier. Salez et poivrez sans attendre. Savourez-les bien chaudes.

LES FRITES DE CÉLERI-RAVE

Pour 4 personnes   Préparation : 10 min   Cuisson : 5 min   Repos : 5 min

Les INGRÉDIENTS

Céleri-rave 1
Huile de friture .... 2 l
Fleur de sel
Poivre du moulin
Herbes de Provence (facultatif)

Accompagnement

Elles se dégustent avec : la sauce tartare, la sauce au curry, la sauce au bleu, la sauce aïoli.

La Recette

Préchauffez votre friteuse à 180 °C.

Épluchez le céleri-rave en le maintenant sur le plan de travail d'une main, tout en longeant le légume du haut vers le bas avec le couteau dans l'autre main. Faites des épluchures épaisses pour bien ôter la couche filandreuse.

Coupez les frites en taillant de larges tranches dans le légume, puis retaillez-les en bâtonnets pas trop fins (1 cm environ).

Rincez les frites et faites-les blanchir 5 min dans de l'eau bouillante. Essuyez-les soigneusement.

Disposez les bâtonnets dans le panier de la friteuse et faites-les frire pendant 5 min en surveillant bien. Laissez les frites dégraisser quelques instants sur un plat recouvert de papier absorbant.

Servez sans attendre en rectifiant l'assaisonnement si nécessaire et en saupoudrant d'herbes de Provence si vous le désirez.

LES FRITES DE RADIS NOIRS

Pour 4 personnes   Préparation : 10 min   Cuisson : 25 min

Les INGRÉDIENTS

Radis noirs 3
Origan .... 1 cuil. à café
Huile d'olive.............................. 3 cuil. à soupe
Fleur de sel
Poivre du moulin

Accompagnement

Elles se dégustent avec : la sauce frites, la sauce aux oignons, la sauce au vinaigre noir.

La Recette

Préchauffez votre four à 180 °C (th. 6).

Épluchez les radis avec un économe. Coupez des tranches pas trop épaisses, puis taillez-les en frites assez fines. Rincez-les sous l'eau froide et essuyez-les soigneusement avec un torchon propre et sec.

Versez les frites dans un saladier, arrosez d'huile d'olive et d'origan, puis mélangez bien.

Disposez les frites sur la plaque du four recouverte de papier sulfurisé. Espacez-les afin qu'elles ne collent pas les unes aux autres.

Enfournez pour 25 min de cuisson en surveillant bien. Le radis noir est assez long à cuire, mais le temps de cuisson peut varier de quelques minutes en fonction du four.

Salez généreusement et poivrez. Dégustez bien chaudes.

RADIS NOIR

LES FRITES DE PANISSES

Pour 4 personnes   Préparation : 5 min   Cuisson : 3 min

Les INGRÉDIENTS

Panisses 2
Huile de friture .... 2 l
Herbes de Provence (facultatif) .... 2 cuil. à café
Fleur de sel

Accompagnement

Elles se dégustent avec : la sauce frites, la sauce aux herbes fraîches, la sauce aux oignons.

La Recette

Ouvrez les panisses en retirant le film plastique sous vide.

Coupez-les en deux dans le sens de la longueur puis taillez-les en longues frites pas trop fines.

Faites chauffer la friteuse à 170 °C.

Mettez les frites de panisses dans le panier et plongez-les dans l'huile pendant 3 min. Attention, elles cuisent très rapidement.

Dégustez-les bien chaudes avec un peu de fleur de sel ou parsemées d'herbes de Provence.

LES FRITES DE CHOUX-RAVES

Pour 4 personnes Préparation : 10 min Cuisson : 5 min

Les INGRÉDIENTS

Choux-raves (petits) 6
Huile de friture..2 l
Fleur de sel
Poivre du moulin
Graines de sésame blond .... 1 cuil. à café

Accompagnement

Elles se dégustent avec : la sauce aux oignons, la sauce au vinaigre noir, la sauce frites.

La Recette

Épluchez les choux-raves en enlevant bien la peau en couche épaisse pour ôter la partie fibreuse du légume.

Coupez de larges tranches, puis taillez-les en frites. Rincez les bâtonnets ainsi découpés.

Préchauffez votre friteuse à 160 °C et versez les légumes dans le panier de la friteuse.

Faites cuire pendant 5 min et mettez-les à dégraisser quelques instants sur un plat recouvert de papier absorbant. Ôtez le papier.

Servez les frites de choux-raves, rectifiez l'assaisonnement si nécessaire, parsemez de graines de sésame blond et dégustez sans attendre.

LES FRITES DE POMMES DE TERRE SUCRÉES

Pour 4 personnes Préparation : 10 min Cuisson : 30 min

Les INGRÉDIENTS

Pommes de terre Charlotte........................1 kg
Cassonade.................................2 cuil. à soupe
Sucre rose.................................1 cuil. à soupe
Huile d'olive..............................3 cuil. à soupe

La Recette

Préchauffez le four à 180 °C (th. 6).

Épluchez les pommes de terre après les avoir rapidement lavées. Coupez-les en frites allumettes.

Lavez-les à plusieurs reprises. La dernière eau doit rester claire. Séchez-les soigneusement avec un torchon propre et sec, puis mettez-les dans un saladier.

Arrosez-les d'huile d'olive et mélangez-les bien. Ajoutez la cassonade et remuez de nouveau. Il est important que les frites soient bien enrobées de sucre.

Couvrez la plaque du four de papier sulfurisé et disposez les frites de manière à ce qu'elles ne se chevauchent pas.

Enfournez à mi-hauteur pour 30 min de cuisson. Au bout de 25 min de cuisson, remontez la plaque du four au dernier cran. Les frites doivent caraméliser, mais surveillez qu'elles ne brûlent pas.

Saupoudrez un peu de sucre rose, ou de cassonade, au moment de servir.

LES FRITES DE PATATES DOUCES AU SUCRE DE CANNE

Pour 4 personnes Préparation : 5 min Cuisson : 30 min

Les INGRÉDIENTS

Patates douces.. 3
Sucre de canne..........................2 cuil. à soupe
Huile d'olive.............................3 cuil. à soupe

La Recette

Préchauffez le four à 180 °C (th. 6).

Lavez et épluchez les patates douces. Coupez-les en bâtonnets de taille égale.

Lavez-les, séchez-les, puis mettez-les dans un saladier. Arrosez-les d'huile d'olive et mélangez-les bien. Ajoutez le sucre de canne et remuez de nouveau.

Couvrez la plaque du four de papier sulfurisé et disposez les frites de manière à ce qu'elles ne se chevauchent pas.

Enfournez à mi-hauteur du four pour 30 min de cuisson. Au bout de 25 min de cuisson, remontez la plaque du four au dernier cran. Les frites doivent caraméliser, mais surveillez qu'elles ne brûlent pas.

Saupoudrez de nouveau d'un peu de sucre de canne au moment de servir.

LES FRITES DE BANANES AU SUCRE COMPLET

Pour 4 personnes Préparation : 10 min Cuisson : 5 min

Les INGRÉDIENTS

Bananes pas trop mûres................................ 4
Sucre complet............................3 cuil. à soupe

La Recette

Préchauffez votre four à 150 °C (th. 5).

Épluchez les bananes, puis coupez-les en deux dans le sens de la longueur. Taillez-les pour obtenir des frites de 10 cm de long.

Trempez chaque frite dans le sucre complet en enrobant bien le fruit.

Disposez les frites de bananes sur la plaque du four recouverte de papier sulfurisé en les espaçant bien pour qu'elles ne se chevauchent pas.

Enfournez pour 5 min de cuisson maximum en plaçant la plaque assez haute dans le four. Pensez toujours à surveiller que les frites ne brûlent pas. Attention, car la banane ramollit très vite.

Posez délicatement vos frites de bananes sur une planche, ou dans un plat, et laissez-les refroidir. Le sucre caramélisé va durcir un peu et ainsi leur donner du croustillant.

Dégustez-les tièdes à la fourchette.

LES FRITES DE POMMES

Pour 4 personnes   Préparation : 10 min   Cuisson : 10 min

Les INGRÉDIENTS

Pommes Granny Smith 4
Beurre salé... 25 g
Cassonnade .... 3 cuil. à soupe
Citron.. 1

La Recette

Préchauffez votre four à 190 °C (th. 6/7). Pressez le citron et réservez le jus.

Épluchez les pommes, puis coupez-les en quartiers. Ôtez le cœur et les pépins, puis coupez de larges tranches. Taillez-les en frites assez épaisses.

Placez les frites de pommes dans un saladier et arrosez-les de jus de citron. Remuez pour que les pommes soient bien enrobées de citron et ne noircissent pas.

Faites fondre le beurre 30 s au four à micro-ondes et versez-le sur les pommes. Ajoutez la cassonade et remuez bien de nouveau.

Disposez les pommes sur la plaque du four recouverte de papier sulfurisé. Veillez à bien les espacer.

Enfournez pour 10 min de cuisson en plaçant la plaque assez haute dans le four. Les frites de pommes vont ainsi caraméliser. Surveillez bien qu'elles ne brûlent pas ou qu'elles ne cuisent pas trop et ne se transforment pas en compote (le temps de cuisson peut différer légèrement en fonction de votre four).

Dégustez-les tièdes en rajoutant du sucre si vous le souhaitez.

LES FRITES DE POIRES

Pour 4 personnes Préparation : 10 min Cuisson : 10 min

Les INGRÉDIENTS

Poires Conférence (pas trop mûres)............... 4
Citron.. 1
Œuf.. 1
Pralin....................................... 3 cuil. à soupe

La Recette

Préchauffez votre four à 170 °C (th. 5/6). Pressez le citron et réservez le jus.

Épluchez les poires, puis coupez-les en deux. Ôtez le cœur et les pépins, puis coupez-les en larges tranches. Taillez-les en frites assez épaisses. Arrosez les frites de jus de citron pour éviter qu'elles noircissent.

Battez l'œuf dans une assiette creuse. Si le pralin n'est pas en poudre, mettez-le sur une planche, couvrez-le de film alimentaire et écrasez-le avec un rouleau à pâtisserie de manière à obtenir une poudre assez fine. Versez la poudre de pralin dans une assiette creuse.

Trempez les bâtonnets de poires dans l'œuf, puis dans la poudre de pralin.

Disposez les frites sur la plaque du four recouverte de papier sulfurisé. Veillez à bien les espacer.

Enfournez pour 10 min de cuisson en plaçant la plaque au milieu du four. Laissez cuire ainsi et montez la plaque en haut du four 3 min avant la fin du temps de cuisson. Surveillez bien que les poires ne brûlent pas.

Dégustez-les tièdes à la main ou à la fourchette.

LES FRITES DE PAIN PERDU

Pour 4 personnes Préparation : 10 min Cuisson : 3 min

Les INGRÉDIENTS

Tranches de pain de mie légèrement rassis 8
Œufs 2
Sirop d'agave .... 1 cuil. à café
Farine .... 2 cuil. à soupe
Sucre en poudre .... 2 cuil. à soupe
Cassonade .... 3 cuil. à soupe
Huile de friture .... 2 l

La Recette

Coupez les tranches de pain de mie en bâtonnets. Faites chauffer la friteuse à 180 °C.

Cassez les œufs dans une première assiette creuse et battez-les en ajoutant le sirop d'agave.

Versez la farine et le sucre en poudre dans une seconde assiette creuse.

Trempez chaque bâtonnet de pain de mie dans le mélange œuf-sirop d'agave, puis dans le mélange farine-sucre. Le pain doit être entièrement enrobé.

Placez les bâtonnets dans le panier de la friteuse et baissez-le pour 3 min de cuisson.

Sortez les frites de pain perdu et posez-les sur du papier absorbant.

Servez les frites sans attendre, saupoudrées de cassonade.

Frites de Pain Perdu

MESURES ET ÉQUIVALENCES

Mémo pour mesurer les ingrédients sans balance

Ingrédients	1 cuil. à café	1 cuil. à soupe	1 verre à moutarde
Beurre	7 g	20 g	–
Cacao en poudre	5 g	10 g	90 g
Crème épaisse	1,5 cl	4 cl	20 cl
Crème liquide	0,7 cl	2 cl	20 cl
Farine	3 g	10 g	100 g
Gruyère râpé	4 g	12 g	65 g
Liquides divers			
(eau, huile, vinaigre, alcools)	0,7 cl	2 cl	20 cl
Maïzena®	3 g	10 g	100 g
Poudre d'amandes	6 g	15 g	75 g
Raisins secs	8 g	30 g	110 g
Riz	7 g	20 g	150 g
Sel	5 g	15 g	–
Semoule, couscous	5 g	15 g	150 g
Sucre en poudre	5 g	15 g	150 g
Sucre glace	3 g	10 g	110 g

Pense-bête pour mesurer les liquides

1 verre à liqueur = 3 cl

1 tasse à café = 8 à 10 cl

1 verre à moutarde = 20 cl

1 mug = 30 cl

1 bol = 35 cl

Bon à savoir

1 œuf = 50 g

1 noisette de beurre = 5 g

1 noix de beurre = 15 à 20 g

Bien régler son four

Température (°C)	Thermostat
30	1
60	2
90	3
120	4
150	5
180	6
210	7
240	8
270	9

Direction : Catherine Saunier-Talec
Éditrice : Juliette Spiteri
Responsable artistique : Antoine Béon
Conception intérieure et couverture : Studio-Allez
Réalisation intérieure : Nord Compo
Préparation de copie et corrections : Anne Kalicky
Fabrication : Amélie Latsch
Partenariats : Sophie Morier (smorier@hachette-livre.fr)

Dépôt légal : avril 2014
23-1834-3/01
ISBN : 978-2-01-231834-2
Imprimé en Espagne par Cayfosa

www.hachette-pratique.com
facebook.com/hachettecuisine

Retrouvez les autres titres de la collection

Les
– PETITES RECETTES –
hachette